Unser Wiesbaden

BUCHER

Eine kleine Zeitreise

Wiesbaden

Kurhaus und Staatstheater

Mit seinen 15 Thermal- und Mineralquellen ist Wiesbaden eines der ältesten Kurbäder Europas. Schon die Römer nutzten die Quellen zu Heilzwecken. Ab dem späten 19. Jahrhundert kam Kaiser Wilhelm II. regelmäßig zur Sommerfrische ins »Nizza des Nordens«. Zahlreiche repräsentative Bauten entstanden zu dieser Zeit, auch das Neue Königliche Hoftheater, heute Hessisches Staatstheater.

Kurhaus

In den Jahren 1905 bis 1907 trat an die Stelle des alten klassizistischen Kurhauses von Christian Zais ein neoklassizistisches Gebäude – für sechs Millionen Goldmark. Der Prachtbau von Friedrich von Thiersch wurde in den 1980er-Jahren umfassend restauriert und modernisiert.

Bowling Green

Englische Kurgäste tauften im 19. Jahrhundert die Rasenfläche mit ihren beiden dreischaligen Kaskadenbrunnen von 1856 »Bowling Green«. Für den Bau einer Tiefgarage musste 2006 der alte Platanenbestand gefällt werden.

AQUIS MATTIACIS

Kurhaus-kolonnade

Mit ihren 129 Metern Länge ist die Alte Kolonnade, heute Kurhauskolonnade, die längste Säulenhalle Europas. 1826/27 errichtet, kam 1839 als ihr Pendant die Theaterkolonnade hinzu. Heute befindet sich darin das Kleine Spiel der Spielbank. Im Hintergrund der Nassauer Hof.

Foyer des Kurhauses

Zwischen dem Nord- und dem Südflügel des Kurhauses befindet sich das Foyer, eine große Halle, die von einer 21 Meter hohen Kuppel überragt wird. Die Skulpturen und Mosaikmedaillons stellen Götter der antiken Welt dar.

Friedrich-von-Thiersch-Saal

Der nach seinem Erbauer Friedrich von Thiersch benannte Saal wurde selbst vom Kaiser als »überwältigend« empfunden. Er entstand zwischen 1902 und 1907 und wurde 1987 renoviert. Bei Musikveranstaltungen kommen hier bis zu 1350 Konzertbesucher in den Genuss der hervorragenden Akustik.

XXVII
IMP · GVILELMO · II · AEDEM · ANTE · HOS · CENTVM · ANNOS

Spielbank

Schon das erste Kurhaus von 1810 besaß eine Spielbank. Nach dem Verbot der Spielkasinos per Reichsgesetz im Jahre 1872 durfte man erst 1949 wieder die Tore öffnen. Heute befindet sich die Spielbank im ehemaligen Weinsaal, ihre »Spezialität«: das Wiesbadener Super-Roulette.

Spielsaal

Dieser Teil der heutigen Spielbank war der Lesesaal, die Innenarchitektur wurde in den 1980er-Jahren originalgetreu rekonstruiert. Das gediegene Ambiente des Wiesbadener Spiels inspirierte Dostojewski 1865 zur Niederschrift seines Meisterwerks »Der Spieler«.

MIN 10
MAX 500

Muschelsaal

Den Südlichen Lesesaal, den Muschelsaal, schmückte Fritz Erler mit Jugendstilfresken. Muscheln und Kiesel symbolisieren die Elemente Wasser und Erde. Der Saal bietet ein ganz besonderes Ambiente für Ausstellungen und Bankette.

Wintergarten

Mit dem Umbau in den 1980er-Jahren wurde die frühere Terrasse des Kurhauses zum überdachten Wintergarten. Dieses »Fenster zum Park« kann man heute für festliche Veranstaltungen buchen.

Nizzaplätzchen

Das Nizzaplätzchen liegt vor dem Muschelsaal des Kurhauses. Kaiser Wilhelm weigerte sich, den Saal bei der offiziellen Einweihung zu betreten, da auf einigen Fresken unbekleidete Gestalten zu sehen sind. Angeblich wollte er der Kaiserin diesen Anblick ersparen.

Nizzaplätzchen

An dem lauschigen Platz stehen zwei ionische Säulen vom Portikus des alten Kurhauses, das 1907 einem Neubau weichen musste. Der Kurpark wurde 1852 im Stil eines englischen Landschaftsgartens nach den Plänen des herzoglichen Gartenbaudirektors Carl Friedrich Thelemann angelegt.

Teich im Kurpark

Der Kurparkteich lädt ein zu Bootspartien, früher ebenso wie heute. Mittlerweile ist der Blick vom Teich auf das Kurhaus von Bäumen verstellt und ein modernes Hochhaus hat sich in die romantische Kulisse geschoben.

Teich im Kurpark

Aus dem angelegten Teich mit Insel und künstlichen Felsgruppen schießt im Sommer eine sechs Meter hohe Wasserfontäne. Auf der historischen Abbildung wurde ihre Höhe etwas überbetont.

Gustav-Freytag-Denkmal

Im Kurpark stehen zahlreiche Kunstobjekte und Monumente, darunter das Gustav-Freytag-Denkmal des Berliner Bildhauers Fritz Schaper von 1905. Der Schriftsteller Gustav Freytag wurde in Oberschlesien geboren, starb aber 1895 in Wiesbaden.

Konzertmuschel

Die klassischen Musikdarbietungen in der Konzertmuschel (links um 1905) jeden Sonntag stellten ein gesellschaftliches Ereignis dar. Heute wird der Kurpark auch für Rockkonzerte und andere Großveranstaltungen genutzt. Im Jahr 2005 kamen mehr als 10 000 Menschen hierher, um den Dalai Lama zu sehen.

Dietenmühle

Die Dietenmühle im Kurpark wurde 1862 als Wasserheilanstalt eröffnet und 1889 aufwendig zum Hotelkomplex umgebaut. Die einladenden Cafétischchen sind verschwunden, heute steht neben der Mühle ein Wohnhaus mit acht Einheiten.

Hessisches Staatstheater

Wilhelm II. war der Initiator des neobarocken »Neuen Königlichen Hoftheaters«, das 1894 im Beisein des Kaisers feierlich eingeweiht wurde. In seiner wechselvollen Geschichte wurde es mehrfach umbenannt. Heute ist das Staatstheater ein moderner Fünf-Sparten-Betrieb.

Feuerwehrzufahrt
Feuerwehrzufahrt

Schillerdenkmal

Anlässlich seines 100. Todestages 1905 setzte die Stadt Wiesbaden Friedrich Schiller beim Hessischen Staatstheater ein Denkmal mit der Inschrift: »Dem Dichterfürsten Friedrich von Schiller in Liebe und Verehrung«. Es stammt von Joseph Uphues, einem Mitglied der Berliner Secession.

DER MENSCHHEIT WÜRDE IST IN EURE HAND GEGEBEN, BEWAHRET SIE!

Theaterfoyer

Auf Wunsch des Kaisers realisierte Felix Genzmer 1902 ein Foyer an der Ostseite des Staatstheaters, das an Glanz sogar den Zuschauerraum übertraf. Zwischen 1949 und 1956 wurde das Foyer als Spielkasino zweckentfremdet. Man beachte die veränderte Farbgebung des renovierten Raumes.

Zuschauerraum

Der Zuschauerraum mit Kaiserloge wurde 1945 stark beschädigt. Bei der Instandsetzung des Deckengemäldes von Kaspar Kögler, das u. a. eine Allegorie der Stadt Wiesbaden darstellt, musste man sich auf eine Fotografie und genaue Beschreibungen verlassen.

Warmer Damm

Der Park hinter dem Theater ist der letzte Teil eines Gürtels von Grünflächen, der seit dem 18. Jahrhundert die Altstadt umspannt und zu einem erholsamen Rundgang einlädt. Er wurde 1860 vom herzoglichen Gartenbaudirektor Carl Friedrich Thelemann angelegt.

Das Viertel rund um den Kochbrunnenplatz war zu römischer Zeit Ursprung der Stadtwerdung Wiesbadens. Zugleich ist der Bezirk lebendiger Ausdruck der Thermal- und Badekultur der Stadt. Seine Blüte erlebte das Quellenviertel in wilhelminischer Zeit. Davon zeugen die repräsentativen Prachtbauten und Grandhotels aus dem 19. Jahrhundert.

Kranzplatz

Um den Kochbrunnen auf dem Kranzplatz gruppierten sich einige der schillerndsten Grandhotels Wiesbadens: der Schwarze Bock, das Palasthotel und das Hotel Rose. Das ehemalige Palasthotel links war das erste Hotel mit Zimmertelefon. Daneben befindet sich der Kochbrunnen.

Kochbrunnen und Palasthotel

Die Trinkhalle des Kochbrunnens, links noch unversehrt, wurde in den 1960er-Jahren abgerissen. Rechts ist das Palasthotel zu sehen, entstanden 1903 bis 1905 anstelle zweier alter Badehäuser. Seit 1977 wird das ehemalige Grandhotel als sozialer Wohnungsbau genutzt.

Kochbrunnen

Den Kochbrunnen speist die bekannteste Thermalquelle Wiesbadens. Bereits 1366 findet sie eine erste Erwähnung als »Bryeborn« (Brühborn). Der Kochbrunnenpavillon, links noch am südlichen Ende der Kolonnade, wurde 1977 versetzt und erneuert.

Kochbrunnen-pavillon

360 Liter Thermalwasser bringen die Quellen des Kochbrunnens pro Minute an die Oberfläche. Ihre Temperatur von über 60 Grad Celsius verlieh dem Brunnen seinen Namen. Nur ein kleiner Teil des Wassers speist die Trinkstelle im Kochbrunnenpavillon, die Hauptmenge fließt ins Kaiser-Friedrich-Bad.

Schwarzer Bock

Schon 1486 erwähnt, zählt das Fünf-Sterne-Hotel zu den ältesten Deutschlands. Sein heutiges Erscheinungsbild erhielt es 1872. Der Name des Hotels geht auf die schwarze Haarpracht des ersten Besitzers Philipp zu Bock zurück.

Hotel Goldener Brunnen

Das Haus mit dem signifikanten Erker, überragt von einem Türmchen mit barocker Zwiebelhaube, wurde 1905 von Emil Thomae in einer Mischung aus Jugendstil und Neobarock erbaut. Es verfügte über eine eigene »Goldener-Brunnen-Quelle«. Heute befindet sich in dem Gebäude das Café Wenzel.

GOLDNER BRUNNEN
HOTEL GOLDENER BRUNNEN
CAFE WENZEL

Römertor

Auf römischen Mauerüberresten, der sogenannten Heidenmauer, errichtete 1903 der Wiesbadener Stadtbaumeister Felix Genzmer das Römertor, eine überdachte Holzkonstruktion in romanisierendem Stil. Neben dem Tor wurde 1913 das Kaiser-Friedrich-Bad errichtet.

Heidenmauer

Zur Zeit des römischen Kaisers Valentinian I. (4. Jahrhundert) entstand die Heidenmauer. Mit einer Gesamtlänge von 80 Metern beginnt sie auf dem Schulberg und endet am Römertor. Vermutlich war sie Teilstück eines Aquädukts, welches das Castellum Mattiacorum mit Wasser versorgte.

Kaiser-Friedrich-Therme

Das frühere Kaiser-Friedrich-Bad gilt als das erste standesgemäße Kurmittelhaus Wiesbadens und wurde 1910 bis 1913 im Jugendstil erbaut. Die Bäume verbergen heute statt eines Säulenganges ein Restaurant.

Eingangshalle

Der schlicht wirkende Außenbau der Therme steht im Kontrast zu ihrem reich ausgestatteten Inneren. Die glasierten Kacheln der Eingangshalle stammen aus der Königlichen Majolika-Werkstätte in Cadinen. Neben der Tür sind je drei Wandbrunnen im Stil der italienischen Frührenaissance angeordnet.

Irisch-Römisches Bad

Die Kur aus trockenem Dampf und heißer Feuchtluft endet in dem kalten Tauchbecken. Der keramische Schmuck des denkmalgeschützten Raumes wurde 1913 in der Manufaktur Darmstadt unter der Leitung von Jakob Julius Scharvogel gebrannt. 1999 sanierte die Stadt das Bad für etwa vier Millionen Euro.

Rund um das Rathaus

Das heutige Gesicht der Wiesbadener Altstadt prägen die großzügigen klassizistischen Bauwerke aus dem 19. Jahrhundert, doch die Geschichte der Stadt reicht rund 1200 Jahre in die Vergangenheit zurück: Bereits im frühen Mittelalter erstreckte sich rund um Rathaus, Marktplatz und Schloss ein befestigter Ort.

Stadtschloss

Das klassizistische Stadtschloss entstand 1841 als Residenz der Herzöge von Nassau. Zwischen 1866 und 1908 diente es den preußischen Königen als Zweitwohnsitz, heute ist es das Regierungsgebäude des Hessischen Landtags. Das Lyceum gegenüber wurde nach dem Krieg nicht wiederaufgebaut.

HESSISCHER LANDTAG

Kaiser-Wilhelms-Heilanstalt

An den rechten Flügel des Schlosses schließen sich das Kavalliershaus und die Kaiser-Wilhelms-Heilanstalt an. Benannt nach Wilhelm I., wurde der Wilhelmsbau 1871 von Karl Hoffmann als Militärhospital errichtet. Heute sind in dem Komplex Teile des Hessischen Landtags untergebracht.

Oranier-Denkmal

An Wilhelm I. von Oranien-Nassau erinnert das Denkmal vor der Marktkirche. Der Oranier setzte sich im 16. Jahrhundert für die Gründung eines unabhängigen niederländischen Staates gegenüber Philipp II. von Spanien ein. Im Hintergrund das Neue Rathaus.

Neues Rathaus

Georg von Hauberrisser, Architekt des Neuen Münchener Rathauses, entwarf auch das Wiesbadener Neue Rathaus. Das prachtvolle Gebäude im Stil der Neorenaissance wurde 1887 fertiggestellt. Die Fassade erlitt im Krieg schwere Schäden und wurde nur vereinfacht rekonstruiert.

Altes Rathaus

Wiesbadens Altes Rathaus geht auf das Jahr 1601 zurück. Ursprünglich im Renaissance-Stil, gestaltete man das einstige Fachwerk-Obergeschoss 1828 gotisierend um. Der Marktbrunnen (1755) entstand nach Entwürfen von Johannes Bager. Seine Mittelsäule krönt der nassauische Löwe mit Schild.

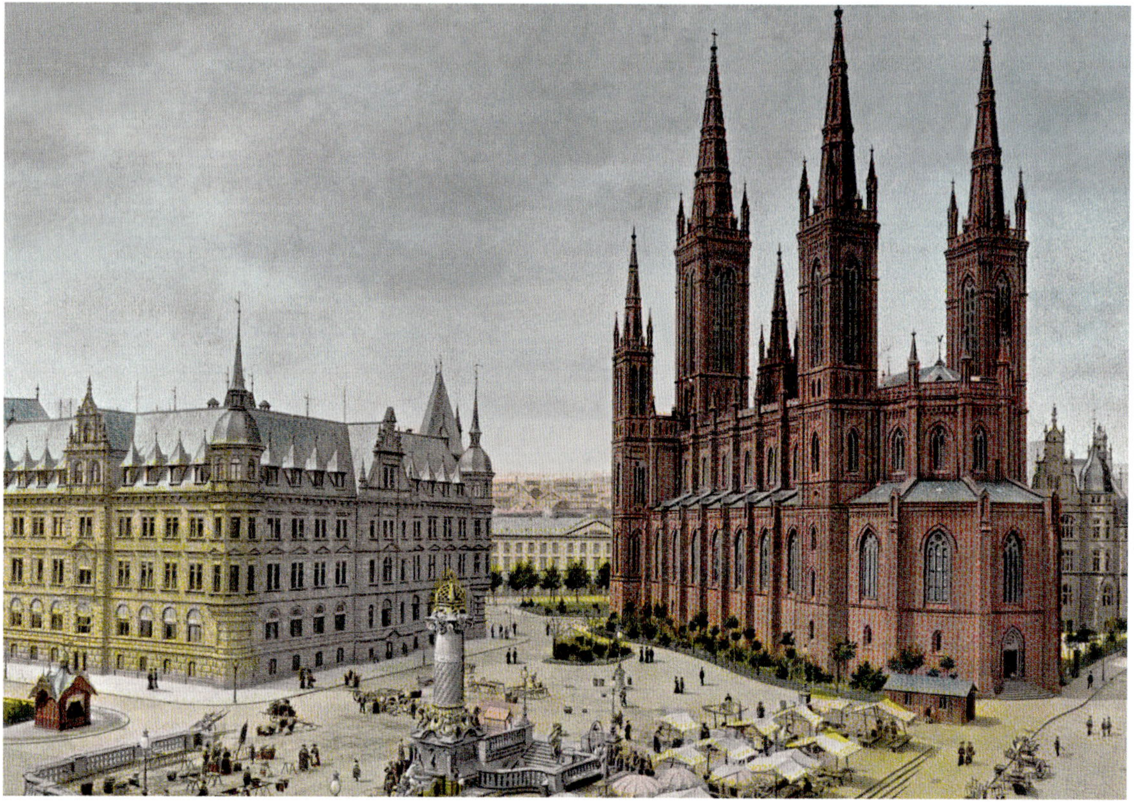

Dern'sches Gelände

Das Dern'sche Gelände grenzt unmittelbar an den Marktplatz mit Neuem Rathaus, Marktkirche und Marktsäule. 1868 erwarb die Stadt Wiesbaden den Platz von dem Oberforstrat Carl-Reinhard Dern.

Marktkirche

Die bei Nacht angestrahlte Marktkirche ist eines der Wahrzeichen der Stadt. Vorbild für die dreischiffige Basilika war die Berliner Friedrichswerdersche Kirche, ein Werk Karl Friedrich Schinkels. Für ihren Entwurf wurde 1853 der Architekt Carl Boos verpflichtet. Seither ist die neugotische Kirche mit den fünf Türmen die evangelische Hauptkirche von Wiesbaden.

Hotel Grüner Wald

Die Aufteilung der gleich großen Balkone des neobarocken Wohn- und Geschäftshauses in der Marktstraße weist noch auf seine alte Funktion hin: Es handelt sich um das ehemalige Hotel Grüner Wald (1899/1900), entworfen von Wilhelm Rehbold.

Wilhelmstraße und Rheinstraße

Schon bald nach ihrer Eröffnung 1810 wurde die Wilhelmstraße – von den Einheimischen kurz die »Rue« oder »unser gudd Stubb« genannt – zu Wiesbadens beliebtester Flaniermeile. Mit 36 Metern maß sie die vierfache Breite der barocken Altstadtstraßen. Auch heute reihen sich in der »gudd Stubb« edle Läden und elegante Hotels aneinander.

Hotel Vier Jahreszeiten

Am Ende des Bowling Green standen zwei der luxuriösesten Hotels Wiesbadens: der Nassauer Hof rechts und links das Hotel Vier Jahreszeiten. Letzteres fiel im Krieg den Bomben zum Opfer.

Wilhelmstraße

Blick in die Wilhelmstraße mit Nassauer Hof (rechts), den Türmen der Marktkirche und dem Hotel Vier Jahreszeiten (links). Das Hotel Vier Jahreszeiten wurde 1821 von Wilhelm Zais gebaut und ab 1837 von seinem Sohn Christian geleitet.

Kaiser-Friedrich-Denkmal

Den Mittelpunkt des gleichnamigen Platzes bildet seit 1897 das Kaiser-Friedrich-Denkmal von Joseph Uphues. Das Denkmal auf dem ehemaligen Theaterplatz hatte damals eine Büste Friedrich Schillers verdrängt.

Wilhelmstraße

Am oberen Ende der Wilhelmstraße ist nur noch wenig von der einstigen Pracht der Straße zu sehen und zu spüren. Die modernen Neubauten wollen sich städtebaulich nicht so recht der alten Substanz anpassen.

PAULANER

Obere Wilhelmstraße

Hier der Blick auf die entgegengesetzte Straßenseite: Die einstmals von Droschken, heute von Autos befahrene Wilhelmstraße säumt ein breiter Promenierweg.

Erbprinzenpalais

1817 vollendete Christian Zais das klassizistische Palais für Wilhelm, den Erbprinzen der nassauischen Herzöge. Dieser jedoch nutzte es nur kurze Zeit. Danach war es Verwaltungsgebäude, später Museum, seit 1968 ist es Sitz der Industrie- und Handelskammer.

Hotel Metropole

Gegenüber dem Warmen Damm entstanden im 19. Jahrhundert zwei historistische Eckbauten, das Hotel Metropole und das Café Hohenzollern, heute Café Kunder. Ihre neobarocke Fassade und die große Kuppel beherrschen noch immer die obere Wilhelmstraße.

Hotel Bellevue

Das Gebäude wird erstmals 1820 als Mietwohnhaus erwähnt. 1864 baute Karl Werminghoff es zum Hotel Bellevue aus, das 1905 einem Neubau mit hochmodernem Hotelbetrieb weichen musste. Seit 1988 unterhält die Stadt Wiesbaden darin den Bellevue-Saal.

HOTEL BELLEVUE
mode de luxe

Taunusstraße

Blick von der Wilhelmstraße in die Taunusstraße. Die zwischen 1826 und 1857 mit historistischen Häusern bebaute Prachtstraße ist Wiesbadens Antiquitätenmeile. Obwohl es auf der neuen Fotografie nicht so erscheint, ist ihre alte Bausubstanz in weiten Teilen erhalten geblieben.

Paulinen-schlösschen

Das 1843 von Theodor Goetz erbaute Schlösschen diente Pauline von Württemberg als Wohnsitz. Das im Krieg zerstörte Gebäude wurde nicht wieder aufgebaut, an derselben Stelle befindet sich heute der Parkplatz der Staatskanzlei.

Villa Clementine

Der Mainzer Fabrikant Ernst Meyer gab 1878 eine Villa für seine Frau Clementine in Auftrag. 1882 wurde das Bauwerk von Georg Friedrich Fürstchen vollendet. Im Jahr 1960 kam das Haus in den Besitz der Stadt, die darin 2001 das Literaturhaus eingerichtet hat. Links die Englische Kirche.

VILLA CLEMENTINE

Bismarck-denkmal

Das 1898 geschaffene Denkmal des »eisernen Kanzlers« steht heute im Nerotal. 1966 fiel sein ursprünglicher Standort, der Bismarckplatz, moderner Verkehrsplanung zum Opfer. Die Figuren am Sockel des Denkmals wurden verkauft und eingeschmolzen.

OMMERZBANK

Rheinstraße

Die Rheinstraße, angelegt 1828, hier mit Blick auf die Zwillingstürme der Ringkirche, die 1894 erbaut wurde. Viele der Wohnhäuser aus dem späten 19. Jahrhundert sind bis heute erhalten. Am unteren Ende der Straße befanden sich bis zum Bau des Hauptbahnhofs die drei Kopfbahnhöfe der Stadt.

Wi-Schierstein
Wörthstraße
WI NV 410

Ringkirche

Beim Bau der neoromanischen Kirche (1894) verwirklichte Johannes Otzen zum ersten Mal die Maximen des »Wiesbadener Programms«. Der funktionale Zentralbau wurde zum Vorbild für zahlreiche protestantische Kirchen in Deutschland.

Bonifatiuskirche

Die neogotische, dreischiffige Hallenkirche von 1849 beherrscht auch heute noch den Luisenplatz. Die katholische Hauptkirche der Stadt wurde bei Philipp Hoffmann in Auftrag gegeben. Im Vordergrund das 1934 aufgestellte »Denkmal mit springendem Pferd«.

Landesmuseum

Zunächst im Erbprinzenpalais untergebracht, bekamen die »Wiesbadener Museumssammlungen« 1920 ein neues Domizil. Der dreiteilige Theodor-Fischer-Bau beherbergt die drei Sammelbereiche Altertum, Naturalien und Kunst. Bis 1906 stand hier der Hessische Ludwigsbahnhof.

Zur Zeit seiner Entstehung befand sich der Hauptbahnhof noch außerhalb der Innenstadt. Westlich des Bahnhofs beginnt das Dichterviertel, mehrere Straßenzüge, deren Namen Dichtern gewidmet sind. Die Häuser entstanden Ende des 19. und Anfang des 20. Jahrhunderts, ihre Architektur bewegt sich zwischen Späthistorismus und Jugendstil, zwischen Art déco und dem Formalismus der späten 20er-Jahre.

Hauptbahnhof

Das erhöhte Verkehrsaufkommen machte 1904 den Bau des Hauptbahnhofs anstelle von drei Einzelbahnhöfen erforderlich. Der neobarocke Prachtbau aus rotem Sandstein bot dem alljährlich anreisenden Kaiser Wilhelm II. einen würdigen Empfang.

Bahnhofshalle

Die Innenwände des Bahnhofs bestehen aus gelbem Sandstein, die Bahnsteighalle ist eine Stahl-Glas-Konstruktion. Nach einer Renovierung 2004 erhielt der Bahnhof wieder weitgehend sein ursprüngliches Aussehen.

PAYOT
Luxus-
Smartphones
für alle
kaiser
R+V

Reisinger-Anlage

Das einstige Reichsbahngelände vor dem Hauptbahnhof wurde ab 1932 auf Initiative der Stifter Hugo Reisinger und Adam Herbert in eine Grünanlage umgewandelt. Die Quellennymphe vor dem Wasserbecken schuf der Bildhauer Arnold Hensler. Sie symbolisiert die heilenden Thermalquellen.

Herbert-Anlage

Der Apotheker und Industrielle Adam Herbert spendete 125.000 Reichsmark für diese 1937 realisierte Anlage. Ihren Mittelpunkt bildet das Wasserbecken in dem eine Statue der Europa auf dem Stier steht. Im Hintergrund sieht man den Hauptbahnhof.

Hotel Reichspost

In der Bahnhofstraße, Ecke Adelheidstraße, steht das ehemalige Hotel und Badehaus Reichspost aus dem 19. Jahrhundert. Der Schauspieler Heinz Rühmann besaß dort nach dem Krieg ein Büro.

30
ZONE

Lutherkirche

Nach Marktkirche, Bergkirche und Ringkirche entstand 1910 mit der Lutherkirche das vierte protestantische Gotteshaus Wiesbadens, konzipiert nach Entwürfen des Architekten Friedrich Pützer. Sie wurde gemäß den Maximen des »Wiesbadener Programms« gestaltet, das eine Einheit von Kanzel, Altar und Orgel vorsah.

Landeshaus

Erbaut wurde das Landeshaus zwischen 1903 und 1907. Das neobarocke Gebäude von Friedrich Werz und Paul Huber beherbergt das Hessische Ministerium für Wirtschaft, Verkehr und Landesentwicklung.

Kaiser-Friedrich-Ring

Dieser Ring um die Südstadt wurde zwischen 1888 und 1908 mit großbürgerlichen Häusern bebaut. Im Krieg kaum zerstört, sind viele der repräsentativen Bauwerke bis heute gut erhalten. Den Mittelstreifen der fast 40 Meter breiten Straße begrünen drei Platanenreihen.

Am Taunusrand

245 Meter ist er hoch, der Neroberg, Wiesbadens Hausberg und ein beliebtes Ausflugsziel. Zu seinen Füßen erstreckt sich der gleichnamige Landschaftspark, den noble Villen säumen. Direkt im Norden der Stadt schließt der Naturpark Rhein-Taunus an, wo es zahlreiche idyllische Orte zu entdecken gibt, wie zum Beispiel das Waldrestaurant Fischzucht oder das Jagdschloss Platte.

Forsthaus im Dambachtal

Im Tränkweg direkt am Waldrand baute Felix Genzmer 1896 das Forsthaus Dambachtal, ein malerisches Fachwerkhaus aus Ziegelsteinen mit einem Schieferdach. Das Haus ist bis heute Sitz der Försterei.

Neroberg

Blick vom Neroberg. Die Bezeichnung »Nero«-Berg in Anspielung auf die römische Vergangenheit Wiesbadens ist eine Erfindung des 19. Jahrhunderts. Bei der historischen Aufnahme handelt es sich um eine der ältesten Fotografien der Stadt. Die Marktkirche mit ihren fünf Türmen war damals noch im Bau.

Kriegerdenkmal

Der germanische Reiter auf seinem kraftvollen Pferd soll an die 423 Soldaten erinnern, die 1870/71 in den Schlachten von Weißenburg, Wörth, Sedan und Paris gefallen sind. Das Kriegerdenkmal von 1909 ersetzte ein älteres aus dem Jahr 1873, das baufällig geworden war.

Oberes Nerotal

Wegen ihrer mehr als 6.000 Pflanzenarten aus aller Welt werden die Nerotalanlagen auch als »botanischer Garten« bezeichnet. Prachtvolle Villen säumen die vom Lauf des Schwarzbachs bestimmten Grünanlagen. Einst standen hier Gerbereien, im 19. Jahrhundert dann Kaltwasserheilanstalten.

Nerobergbahn

Ebenso einfach wie genial: Ein talwärts fahrender, mit Wasser beschwerter Wagen zieht einen weiteren Wagen durch sein Gewicht auf den Berg. Die Nerobergbahn (1888) ist die älteste mit Wasserballast betriebene Drahtseilbahn Europas. Bis heute fährt sie mit nahezu unveränderter Technik.

Russische Kirche

Ursprünglich als Grabkirche für die Großfürstin Elisabeth Michailowna geplant, diente die Kirche später als Gotteshaus der russisch-orthodoxen Gemeinde. Auf dem Friedhof stehen zahlreiche Fürstengräber aus dem 19. Jahrhundert. Auch der Künstler Alexej von Jawlensky liegt hier begraben.

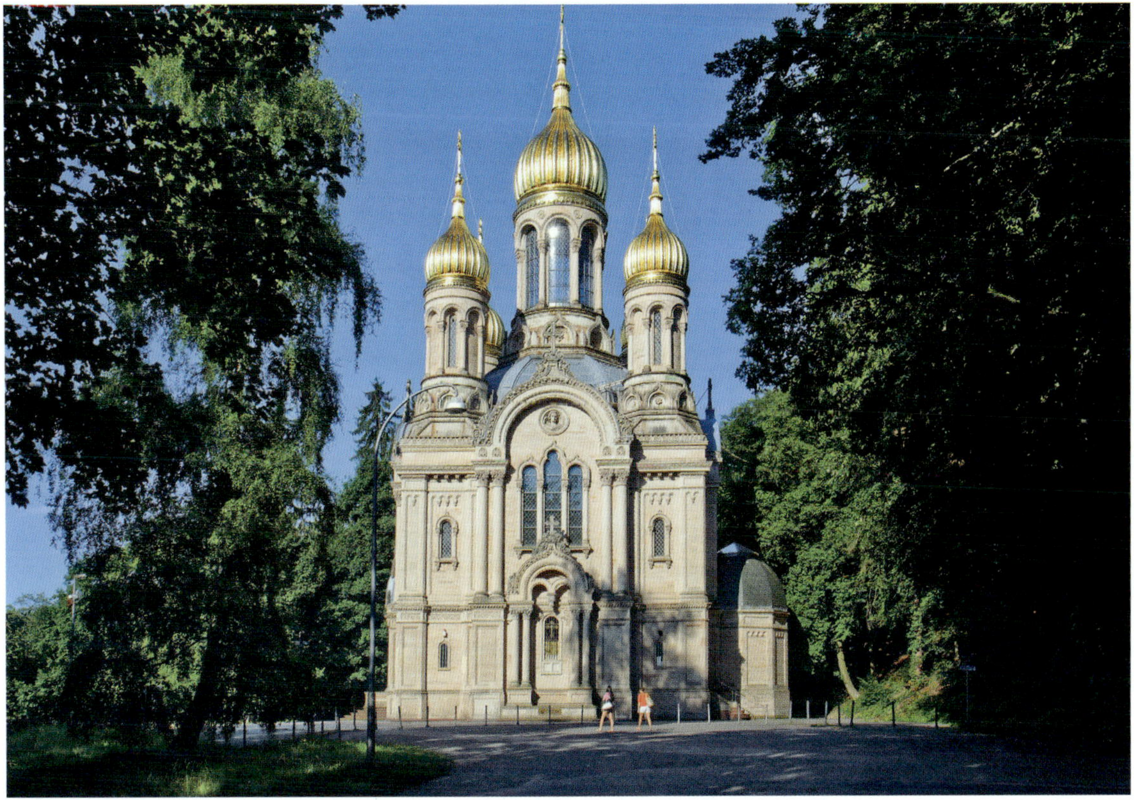

Russische Kirche

Blick vom Neroberg-Tempel. Der nassauische Baumeister Philipp Hoffmann vollendete die Kirche 1855. Nach dem Vorbild der Moskauer Erlöser-Kirche wird der Bau von fünf feuervergoldeten Kuppeln gekrönt. Hoffmann war zu Architekturstudien dafür eigens nach Moskau gereist.

Neroberg-Tempel

Anlass für den Bau des eleganten Tempels war der Bürgerwunsch, die Säulen der Öllampenkandelaber aus der Wilhelmstraße wiederzuverwenden, als diese neue bekam. Philipp Hoffmann schuf aus ihnen 1851 einen Rundtempel im Stil der italienischen Renaissance.

Neroberg-Hotel

1881 wurde auf dem Neroberg ein Ausflugslokal mit Biergarten eröffnet, das man schnell vergrößern musste. 1897 folgte ein Luxushotel, erbaut von Felix Genzmer. Nach zwei Bränden, 1986 und 1989, musste der Komplex abgerissen werden. Übrig blieb nur der Aussichtsturm aus dem Jahr 1887.

Opelbad

1934 stiftete der Unternehmer Wilhelm von Opel ein Freibad auf dem Neroberg. Der Entwurf mit seinen klaren Linien im Bauhausstil stammt aus der Feder des österreichischen Architekten Franz Schuster. Am Neroberg unterhalb des Bades wird Riesling angebaut.

HENKELL
HENKELL
HENKELL
HENKELL

Blick auf Wiesbaden

Von der Löwenterrasse bietet sich auf 245 Metern Höhe ein grandioser Blick auf Wiesbaden. Im Zentrum der Bilder ist die Marktkirche mit ihren fünf markanten Türmen zu erkennen.

Hotelrestaurant Bahnholz

Dem Hotelrestaurant Bahnholz in der Idsteiner Straße folgte zunächst ein Kinderheim, das die SS 1939 zu einem »Lebensborn«-Haus umfunktionierte. Nach dem Krieg stand hier eine Frauenklinik, heute ist dies ein Seniorenzentrum.

Waldhäuschen im Adamstal

Das ehemalige Ausflugslokal Waldhäuschen im Adamstal wurde 1896 an ein schon bestehendes Gartenhaus angebaut. Seit 2009 hat die Villa neue Besitzer, die es als Eventlocation vermieten.

Waldrestaurant Fischzucht

Umgeben von elf Fischteichen, war das denkmalgeschützte Anwesen ursprünglich eine reine Fischzuchtanstalt. Heute kommen die Fische fangfrisch direkt im »Waldrestaurant« auf den Tisch.

Jagdschloss Platte

1823 beauftragte Herzog Wilhelm I. Friedrich Ludwig Schrumpf mit dem Bau des klassizistischen Jagdschlosses. Im Krieg beschädigt, blieb es bis Ende des 20. Jahrhunderts eine Ruine und wurde erst in neuester Zeit restauriert und mit neuen Elementen wie dem Glasdach ausgestattet.

Biebrich

Bevor 1841 das Wiesbadener Stadtschloss errichtet wurde, war Biebrich die Residenz der Herzöge von Nassau. Seit 1926 ist die zuvor eigenständige Stadt mit dem gleichnamigen Schloss in ihrem Zentrum ein Stadtteil Wiesbadens. Um die Mitte des 19. Jahrhunderts siedelten sich, bedingt durch den Anschluss an das Eisenbahnnetz, in Biebrich mehrere bedeutende Unternehmen an. Eines davon, die Sektfabrik Henkell & Co., machte Biebrich weit über die Landesgrenzen hinaus bekannt.

Henkell-Schlösschen

1832 gründete Adam Henkell die Weinhandlung Henkell & Cie in Mainz, 25 Jahre später ließ er eine »Champagnerfabrik« bauen. 1909 zog die Sektkellerei in das Henkell-Schlösschen Wiesbaden-Biebrich. Auf dem Dach prangt bis heute in großen Lettern »Henkell Trocken«.

HENKELL TROCKEN
HENKELL
HENKELL
HENKELL
HENKELL

Marmorsaal

Für den neuen Firmensitz gewann Otto Henkell den Architekten Paul Bonatz. 1909 war der dreigeschossige Bau mit einer Fassadenverblendung aus Travertin fertiggestellt. Der repräsentative Marmorsaal wurde mit Rokoko-Rocaillen und klassizistischem Stuck ausgekleidet.

Sektkellerei

Bonatz' Entwurf umfasste auch eine fünfstöckige Kelleranlage. Die Zwischengeschosse waren für Fluchten von Rüttelpulten ausgelegt. Die hohen Geschosse dienten als Fass- und Flaschenlager.

202
251

Schloss Biebrich

In ihrer heutigen Form als dreiflügelige Anlage entstand die barocke Residenz der ehemaligen Fürsten und späteren Herzöge von Nassau zwischen 1700 und 1750. Auf der vom Rhein abgewandten Seite breitet sich der weitläufige Schlosspark aus. Seit 1866 dient das Schloss als Verwaltungsbau.

Schiffsanlege-stelle

Vor dem Hotel Nassau-Krone liegt am Rhein die Schiffsanlegestelle Biebrich, im Hintergrund ist das Schloss zu sehen. Das elegante Hotel wurde nach dem Krieg abgerissen.

KD Köln-Düsseldorfer

Register

Bildnachweis

Alle neuen Fotografien: © Ernst Wrba
Alte Ansichten: Sammlung Ernst Wrba, außer S. 148: Sammlung Barbara Stein und S. 60: PD.

Impressum

Texte: Dr. Barbara Münch-Kienast
Produktmanagement: Cornelia Schmidt
Grafische Gestaltung: Medienfabrik GmbH, Stuttgart
Umschlagkonzept Reihe: Studio Schübel Werbeagentur GmbH, München
Herstellung: Anna Katavic
Litho: cromika, Verona
Gesamtherstellung: GeraNova Bruckmann Verlagshaus GmbH

Alle Angaben dieses Bandes wurden vom Autor sorgfältig recherchiert und vom Verlag auf Stimmigkeit und Aktualität geprüft. Allerdings kann keine Haftung für die Richtigkeit der Informationen übernommen werden. Für Hinweise und Anregungen sind wir dankbar. Zuschriften bitte an:

Bucher Verlag
Produktmanagement
Postfach 400209
80702 München
E-Mail: lektorat@bruckmann.de

Bibliografische Informationen der Deutschen Nationalbibliothek
Die Deutsche Nationalbibliothek verzeichnet diese Publikation in der Deutschen Nationalbibliographie; detaillierte bibliographische Daten sind im Internet über http: //dnb.d-nb.de abrufbar.

ISBN 978-3-7658-1816-5

In gleicher Reihe erschienen...

ISBN 978-3-7658-1812-7

ISBN 978-3-7658-1813-4

ISBN 978-3-7658-1814-1

ISBN 978-3-7658-1815-8

ISBN 978-3-7658-1816-5

ISBN 978-3-7658-1817-2

ISBN 978-3-7658-1818-9

ISBN 978-3-7658-1819-6

BUCHER

www.bucher-verlag.de